En route v

Gilles Tibo

Illustrations : Lyne Meloche

Directrice de collection : Denise Gaouette

Données de catalogage avant publication (Canada)

Tibo, Gilles, 1951-

En route vers la Lune

(Rat de bibliothèque. Série verte ; 3)
Pour enfants de 7-8 ans.

ISBN 2-7613-1336-4

I. Meloche, Lynne, 1961- . II. Titre. III. Collection : Rat de bibliothèque (Saint-Laurent, Québec). Série verte ; 3.

PS8589.I26E5 2002	jC843'.54	C2002-941541-1
PS9589.I26E5 2002		
PZ23.T52En 2002		

© ÉDITIONS DU RENOUVEAU PÉDAGOGIQUE INC., 2002
Tous droits réservés.

 On ne peut reproduire aucun extrait de ce livre sous quelque forme ou par quelque procédé que ce soit – sur machine électronique, mécanique, à photocopier ou à enregistrer, ou autrement – sans avoir obtenu, au préalable, la permission écrite des ÉDITIONS DU RENOUVEAU PÉDAGOGIQUE INC.

Dépôt légal : 4ᵉ trimestre 2002
Bibliothèque nationale du Québec
Bibliothèque nationale du Canada

IMPRIMÉ AU CANADA   4567890 IML 09876
                          10508   ABCD   EA16

Ce soir, la chaleur circule
entre les maisons.
C'est la canicule.
Je m'éveille en sueur.

Je quitte mon lit.
Je m'approche de la fenêtre.
Je soulève le rideau.

Je regarde la Lune qui traverse le ciel.
Et tout à coup j'ai une idée.
Je serai un astronaute.

Le lendemain matin, j'enfile
les grosses bottes de mon père
pour marcher sur la Lune.
Je coiffe mon casque de vélo
pour ne pas me frapper la tête contre les étoiles.
Je relie un tube de caoutchouc à mon ballon
pour respirer dans l'espace.

Je quitte ma chambre.
Je dérive jusqu'à la cuisine.
Ma mère me demande :
—Quel est ce déguisement, Julien ?
—Je suis un astronaute.
—Et que mange un astronaute, le matin ?
  demande mon père.

Je me verse un grand verre de lait… de lune.
Puis je prends quatre tranches de pain.
J'étends du beurre d'arachide, de la confiture
et du miel sur les tranches.
J'y ajoute une fourchette, deux cuillères
et quelques flocons d'avoine.
Je fabrique un mini-vaisseau spatial
pour aller sur la Lune.
Bip !… bip !… bip !… C'est un départ !

Ma vie de cosmonaute est dangereuse.
Une soucoupe volante, remplie de croissants
de lune, m'attaque.
J'évite une tasse intergalactique remplie de café.
Je me sauve en orbite autour de ma chaise.
J'atterris sous une immense navette spatiale.

Je mange un bol de céréales
à l'abri des extraterrestres.
Après le déjeuner, je dis à mes parents :
—Je m'en vais sur la Lune.
　Mais je reviendrai pour le dîner.
Je cours chez mon voisin Guillaume.
Je lui dis :
—Veux-tu m'aider à aller sur la Lune ?

Je pars avec Guillaume
à la recherche de tout ce qui est nécessaire
pour construire une fusée.
Nous fouillons dans le sous-sol,
dans le grenier, dans le garage,
dans la cour et dans la ruelle.

Nous trouvons des bouts de bois,
des roues de vélo, des boîtes de carton,
un baril, un parapluie et un vieil aquarium.
Nous apportons notre butin
dans le carré de sable derrière chez moi.
Nous fabriquons la plus belle fusée lunaire jamais vue.

Ensuite, avec nos pelles et nos seaux,
nous creusons des cratères autour de la fusée.
Puis nous plantons notre drapeau
pour montrer que nous avons conquis la Lune.

Naïma, Kim, Jessica et Jolène arrivent.
Elles posent leurs soucoupes volantes
dans le grand carré de sable.

Nous faisons un pique-nique lunaire.
Nous jouons au ballon spatial.
Nous creusons des tunnels intersidéraux.
En riant comme des fous, nous grimpons
sur la clôture qui borde la galaxie.

Le soir, chaque astronaute retourne
dans sa maison, sur sa planète.
Je reste seul près de ma fusée.
La Lune apparaît, ronde, belle et silencieuse.
Je rentre à la maison. J'embrasse mes parents
et je me couche dans mon lit.
Je ferme les yeux et je commence à rêver.
Bip !... bip !... bip !...